동물 따라그리기

| 기획 · 구성 GenaSona
| 펴낸이 김영진
| 처음 인쇄한날 2005년 12월 20일
| 처음 발행한 날 2005년 12월 25일
| 펴낸곳 도서출판 모두북스
| 주소 서울특별시 종로구 구기동 85-9 인왕 B/D 301호
| 전화 02-396-1044(대표) | 팩스 02-396-1045
| 출판등록 제300-2005-166호
| ISBN 89-957298-4-8 74650
| ISBN 89-957298-2-1 (세트)
| 값 8,000 원

ⓒ Genasona · 모두북스, 2005
Printed in Seoul, Korea.
저작권자의 동의없이 본 교재를 무단 복제하거나 전재하는 것을 금합니다.

실전 어린이 미술 교실

동물 따라그리기

기획·구성 GENASONA

character sketchbook

머리말

어린이들은 말을 먼저 배우기 전에 크레파스, 색연필, 싸인펜 등을 들고 그림 그리기를 먼저 배웁니다. 그림 그리기는 주입식 공부가 아닌 놀면서 배우는 아주 효과적인 방법인 셈이죠. 이 책은 그림 그리기 안내서로 간단한 선과 도형을 기초로 사람을 그리는 요령과 방법을 알기쉽게 설명해 놓았습니다.

원, 세모, 네모 등을 이용하여 쉽게 따라 그릴 수 있도록 구성하여 그림 그리기에 공포감을 가지고 있는 어린이들도, 책을 따라 쓱쓱 그리기만 하면 어느새 동물이 완성되어집니다.

자, 이제부터 그림 그리기의 세계에 빠져 무궁무진한 상상의 나래를 펼쳐 볼까요?

차례

⑦ 만화에 입문하기

⑭ 포유류 그리기

㊽ 동물 얼굴 그리기

㊻ 파충류 그리기

㋕ 바다 생물 그리기

⑭ 조류 그리기

㊼ 종합 편 그리기

하지만 여러분들에게 동물 그리기를 가르쳐드리기 위해 동물들과 친해지기로 했답니다.

물론 여러분들이 많이 도와줄꺼라 믿어요.

짜라라라잔! 동물을 잘 그리기 위해서는 우선 부드러운 선 그리기를 많이 연습해야 합니다.

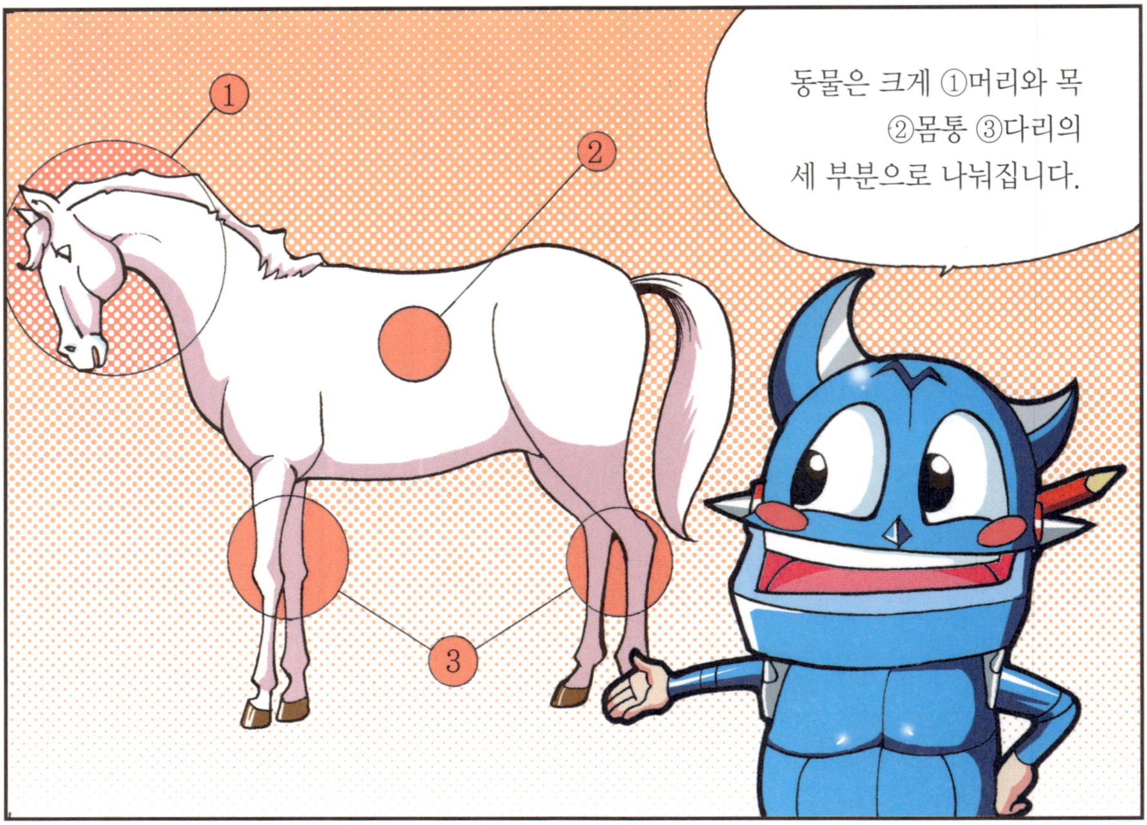

동물은 크게 ①머리와 목 ②몸통 ③다리의 세 부분으로 나눠집니다.

만화체로 그린다 하더라도 기본 3등분은 필수입니다.

이렇듯 기본 형태를 염두 하고 그림을 그리면

누구나 훌륭한 그림을 그릴 수 있습니다.

지금부터 동물 중에 포유류에 해당하는 동물들을 그려 보도록 하겠습니다.

사자의 얼굴입니다. 실제보다 조금 과장해서 표현하면 우람하게 보입니다.

그릉!

사자

먼저 전체의
형태를 그려 주시고
각 부분의 위치를
정해줍니다.

사자는 특히
발을 크게 그려
덩치가 크고
힘이 세다는 이미지를
부각시켜 주세요.

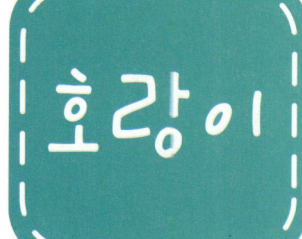

호랑이

이번에는 호랑이를 그려 보겠습니다.

호랑이도 기본 구조는 사자와 같기 때문에 완성 후 몸에 무늬만 그려주시면 됩니다.

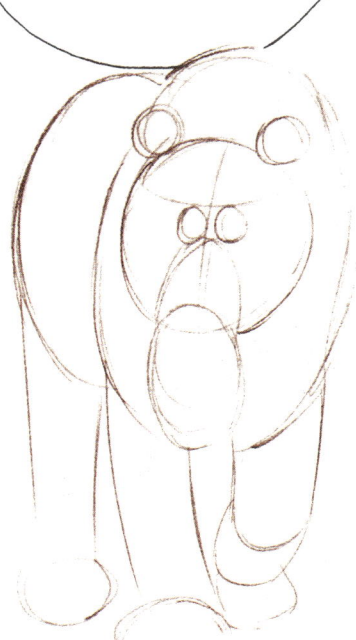

사실, 사자와 호랑이는 서로 만나기가 어렵답니다.

앉아있는 개의 모습을 그려 봅시다.

이 자세 역시 개의 몸 구조를 숙지한 상태에서 그려야 합니다.

어때요? 제 자세랑 비슷한가요.

강아지

안녕하세요!
저는 불독입니다.
만화에서는 거칠고
못 되게 많이 출현하지만
실제로는 온순하고
착하답니다.

다리가 짧고
머리가 크며 코가
납작한 게 특징이지요.
특징을 잘 잡아서
그리면 멋진 불독을
그릴 수 있습니다.

불독의 만화적 표현

고양이

수염으로 마무리를 하니 아주 예쁜 고양이가 완성되었습니다.

호랑이와 사자도 고양이과 동물인걸 다들 알고 있죠?

말

몸통과 다리를 잘 구분해서 그려 주고, 말의 특징인 긴 다리를 잘 표현해 주세요.

히히힝

말을 타고 달리고 싶어지네요.

토끼

아프리카는 물론 전세계에 분포되어 있는 토끼를 그려 보겠습니다.

토끼의 특징 귀를 쫑긋하게 그려 주고 두 발로 서있는 모습을 자연스럽게 표현해 주세요.

표범

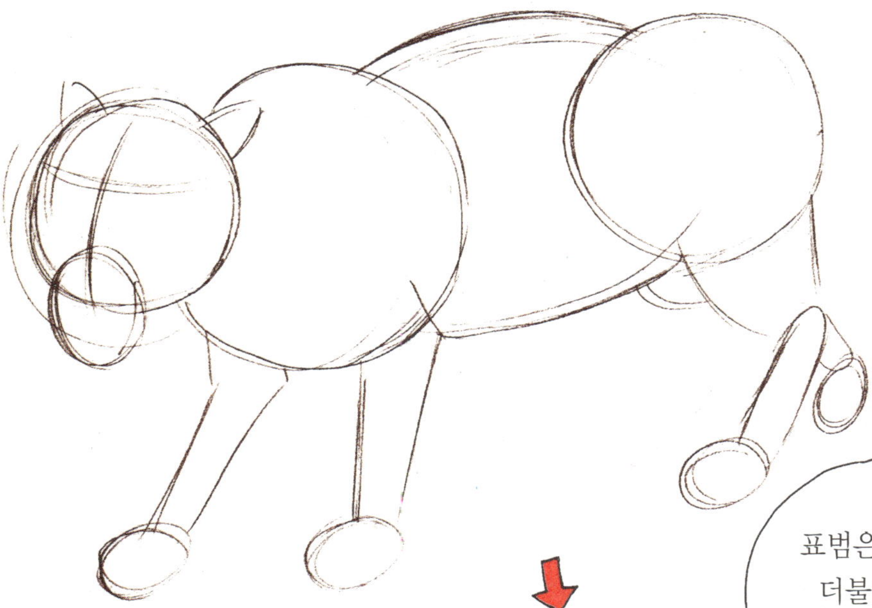

표범은 호랑이, 사자와 더불어 3대 덩치 큰 육식 포유류에 속합니다.

하지만 혼자 생활하다보니 잡는 먹이를 뺏기지 않기 위해 나무 위로 사냥한 먹이를 끌어 올려다 놓습니다.

기린

우와―
키가 엄청 큰
기린이다.

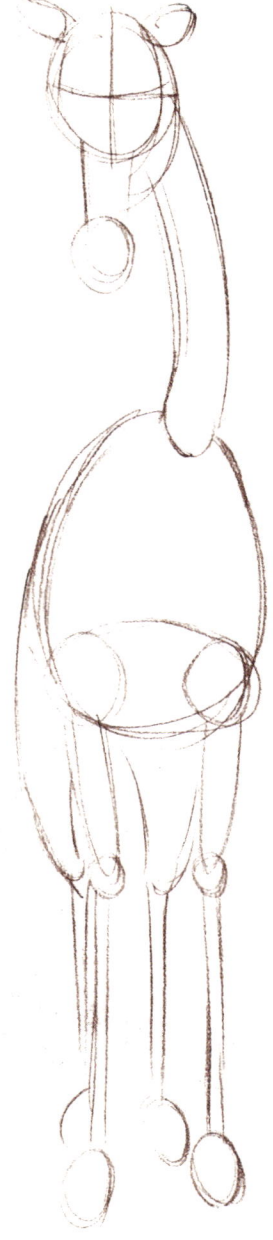

어린이 여러분들도
기린처럼 키가 크려면
잘먹고 농구 같은
키크는 운동도
열심히 하세요.

캥거루

캥거루는 평소에는 온순한 동물이지만 겁이 많아 가까이 가면 발이나 꼬리로 공격을 합니다.

코뿔소

하마만큼 덩치가 큰 코뿔소를 그려 볼까요?

코뿔소는 몸에 단단한 갑옷을 입고 코 위에 커다란 뿔이 있어서 천적이 없답니다.

사실 코뿔소는 무척 온순한 동물이지요.

곰

곰은 전 세계에 분포되어 있습니다. 아프리카 남극, 북극, 아메리카, 아시아… 여러 곳에 적응하며 살고 있습니다.

곰을 미련한 동물이라고 생각하시면 큰 오산입니다. 매우 영리하답니다.

판다곰

수달

수달은 한때 우리나라에서 멸종될 뻔했지만 개울 물이 깨끗해지면서 다시 나타났지요.

수달은 비버와 마찬가지로 물 속과 땅 위를 마음대로 돌아다니는 흔치않은 동물 중에 하나입니다.

고슴도치

몸에 가시가 많아서 그리기가 어렵죠! 적을 만나면 몸을 공처럼 움츠려 마치 밤송이처럼 보입니다.

멧돼지

멧돼지는 힘이 세고 무척 빠르며 아주 거친 동물입니다.

꽥꽥

성질이 포악해서 눈에 보이면 뭐든지 공격한답니다.

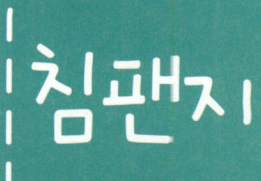

침팬지는 인간과 같은 영장류에 속하는 동물입니다.

여우 얼굴

고릴라 얼굴

살쾡이 얼굴

물소 얼굴

호랑이 얼굴

돼지 얼굴

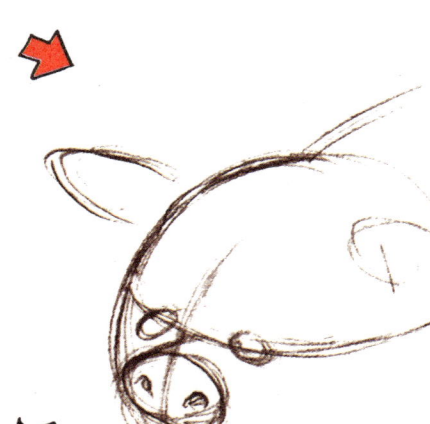

다람쥐 얼굴

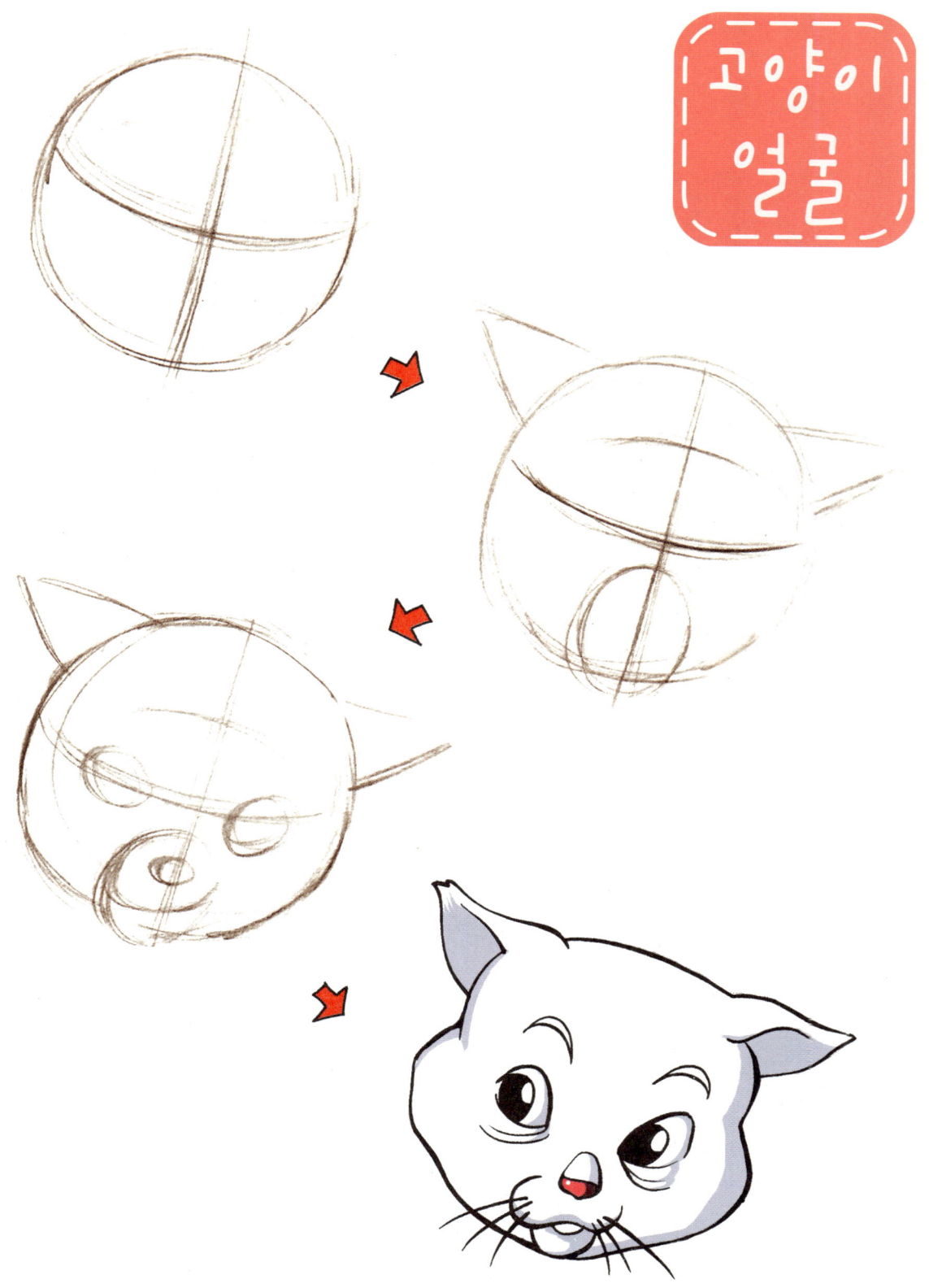

코모도 왕도마뱀

파충류의 조상을 거슬러 올라가면 먼 옛날 공룡들이 살았었는데… 지금 파충류들이 바로 그들이 진화한 동물들입니다.

↓

상어

상어는 바다의 사자라고 불릴 만큼 물 속의 왕이랍니다.

성질이 포악하고 힘도 세서, 아무도 상어 옆에는 접근하지 않지요.

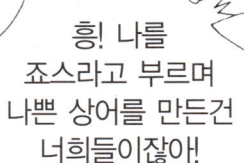

흥! 나를 죠스라고 부르며 나쁜 상어를 만든건 너희들이잖아!

몸의 형태도 중요하지만 동물의 표정에도 유의해 주세요.

나는 사나운 야생 멧돼지 입니다.

원숭이는 정말 행동하는 것이 사람과 똑같아요!

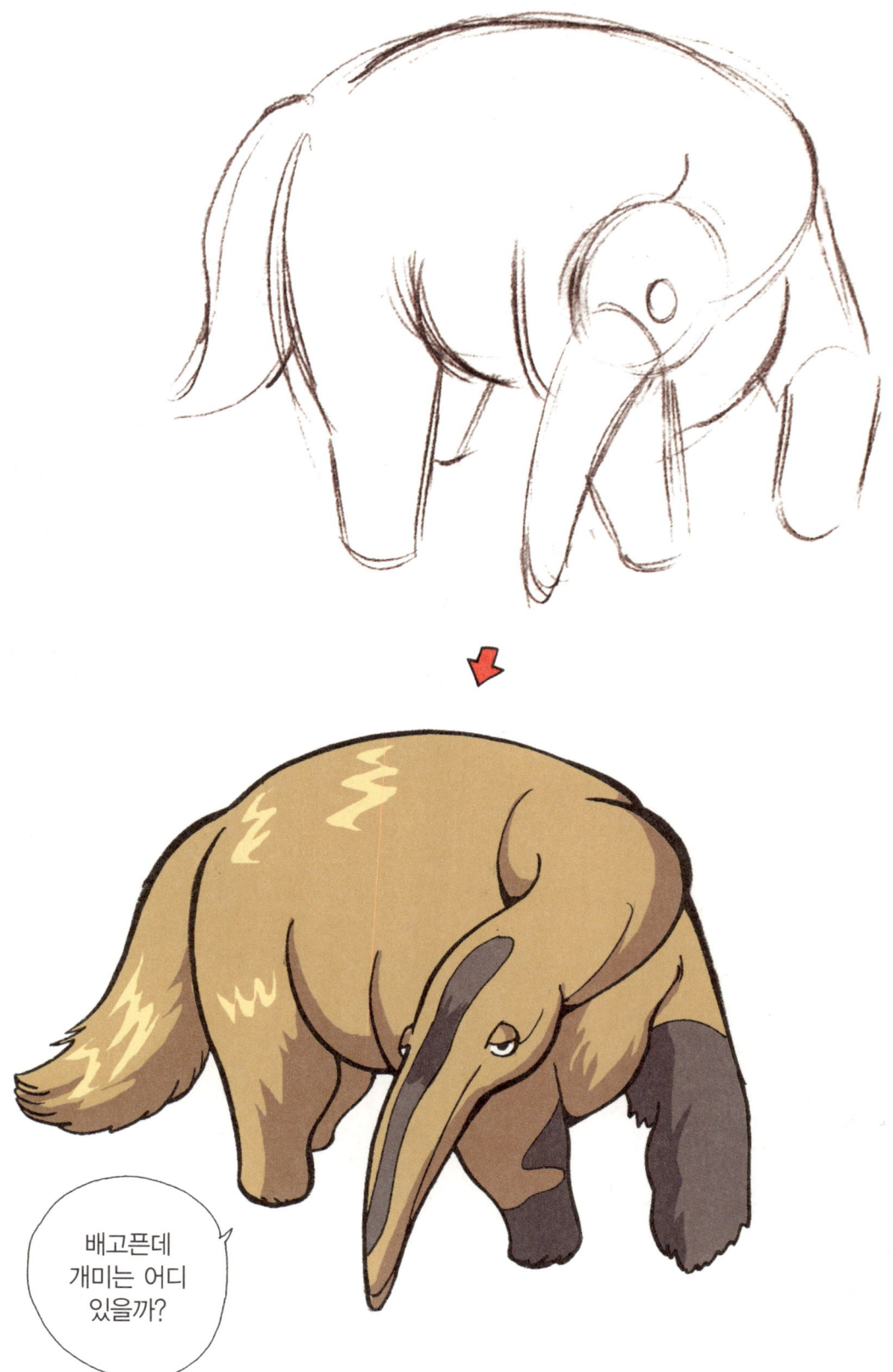

그러고 보니 올빼미는 산 속에 살고 가제는 바다에 사니까 둘이 만날 일은 거의 없겠네요.

나도 저 녀석은 처음 봐!

소가 업드려 있는 모습도 그리긴 쉽지 않을 거예요. 소의 신체 구조를 잘 파악 한다면 그렇게 어렵진 않겠죠?